AF607763

Astrocanto

Primera edición: julio de 2025

info@preguntaediciones.com
www.preguntaediciones.com

Diseño de cubierta: Óscar Sanmartín Vargas
ISBN: 978-84-19766-77-9
Depósito legal: Z-1169-2025

Printed in Spain. Impreso en España por Estilo Estugraf Impresores

Sofía Díaz Gotor

Astrocanto

PREGUNTA

A la memoria de mi hermano,
mi Astrocanto.

Lucha la flor por vencer a la tierra
desaprender la mirada
del sótano
milenario
como la estrella
a quien perteneces.

Dancestros

*

Símbolo hecho signo al nacer

oración.
Hasta los muertos se afirman.
Son si ejercen su eco
y pueden amarte.

**

No es un canto a lo muerto
sino a vosotros que en la muerte
estalláis cada racimo.
Tampoco sabíais de la conciencia
del cielo cuando mira.

***

Excreación de un fuego.
Ritual de tierra.
Costumbre ramal de todo.
Aquí disuelto el secreto
en nuestras manos desconocidas.

****

Continuidad
engalando miradas.
Ruedas en nacimiento.
Alas y perforan.

**** *

Nos une
un mismo traslado de luz.

Una forma enlutecida
que nos dé paso.

**** **

Aguas del canal
hunden el temblor.
Abrimos desde la Luna
el frío.
Vida.
Veloz camino de lisura reunida.

★★★★ ★★★

No hay ave terminal
desde la frente.
Plumas de bronce
hacia la alquimia del carbón.

**** ****

De la estrella
qué lejos la orden
el gesto.
Proexistiendo será
la unión sin gravedad
la burla
la muerte.

★★★★ ★★★★

★

Astrocantos en su exacto lugar.
Vibran y es la danza
invisible que *impertenece*.

★★★★ ★★★★

★★

Líneas venas
partiéndose
a golpe de luz.
Desatar lazos en la sombra

su voluntad.

★★★★ ★★★★

★★★

Encamino polvo ráfagas de fuego
la palabra inmóvil.
Todo lo que arderá en el pájaro.

****   ****

****

Habrá un sistema ideal
de hierro entero.
El paso rojizo
suspendidos los cuerpos
de los Cuerpos
por un racimo de cobalto
y plomo.
Perdidos
    aflojando el deseo
        deshaciéndonos.

★★★★ ★★★★

★★★★ ★

Vida lunar.
Dos vientos oscuros
y el resto

luz oblicua en la Tierra.

**** ****

**** **

Es el frío de la estela
la conquista umbral.
La Unión en la forma.
El sonido repetido
encenderá un mismo instante.
Atroz llamada.

★★★★ ★★★★

★★★★ ★★★

Pedazos de tierra coreando.
El pensamiento da el luto.
La palabra es el puente
que me envía
columnas atadas

Dancestros.

Hary

Pero te prefiero a todas las verdades
Andréi Tarkovski, *Solaris*

★ ★★★★ ★★★★

★★★★ ★★★

Hary laminar del caos
traída de los campos floridos del sol
materia de luz y agua.

Hay un Océano donde la esfera reposa.

★★ ★★★★ ★★★★

★★★★ ★★★

El limo amarillo por las fisuras
y ellos elaboran estaciones de niebla.
Son impasibles
    desplazan el cabello
significan la alegría que fue

la ruina de los ángeles.

★★ ★★★★ ★★★★

★★★★ ★★★ ★

No materia de él
no sueño.
Kelvin solo contra.

Lanzadas las estrellas.

★★ ★★★★ ★★★★

★★★★ ★★★ ★★

Estela orificio del cielo.
Números del vacío construyendo
claridad
que tocamos

con los ojos de un vicio de astro.

★★ ★★★★ ★ ★★★★

★★★★ ★★★ ★★

La que puede verse.
Conquista tramas de luz
cuando mira.

★★ ★★★★ ★★ ★★★★

★★★★ ★★★ ★★

Tu forma sólo igual a la forma.
Elevas santidad fuera
igual que dentro.
Te creen pasto visible y gobernado
por la niebla
cuando podrías ser cualquier cosa

Hary.

★★ ★★★★ ★★ ★★★★

★★★★ ★★★ ★★ ★

Imitando al sol acontece Kelvin
orden
y te recuerda en el calor
y es otro suceder
adentro.

★★ ★★★★ ★★ ★★★★

★★★★ ★★★ ★★ ★★

El cielo de los cielos de los cielos.
Juan Eduardo Cirlot

El enjambre celeste llama en el sueño.

El Océano del cielo de los cielos.

★★ ★★★★ ★★ ★★★★

★★★★ ★★★ ★★ ★★ ★

Venus sonrojada
marchita en el tesoro acumulado
del sé.
Vuelve del estallido aéreo
del lanzamiento criminal
de tu forma.
Ven
serena revelación.

★★ ★★★★ ★★ ★★★★
★★★★ ★★★ ★★ ★★ ★★

Campana fingida por aire
junto al aire
mueve el desamparo
y el sol que conozco
te aviva
allí donde crece el trigo
en el espacio.

Cualquier lugar amortigua
el sonido perdido
de lo que no pertenece.

★★ ★★★★ ★★ ★★★★

★★★★ ★★★ ★★ ★★ ★★ ★

Nunca pura
conoce el muro velo.
Cae un alma
al débito Océano.

Ejemplo luminoso
galáctico ramal que aún germina.

**   ****   **   ****

****   ***   ** ** ** **

No te asustas puesto que eres.
¿Y el asombro cómo muere
en la espesura y el bosque?
Ven
al rocío mínimo de la hoja
        al calor pasajero del tigre.
Encuéntrame bajo la tierra
donde entreveo
        muéstrame el latido severo
del rayo en la piedra.

Eres raíz del sol
y agua donde descansamos.

★★ ★★★★ ★★ ★ ★★★★

★★★★ ★★★ ★★ ★★ ★★ ★★

Eres final de mi imagen.

Astrosolo.
Encela el camino.

Conviérteme.

★★ ★★★★ ★★ ★★ ★★★★

★★★★ ★★★ ★★ ★★ ★★ ★★

Nueve estrellas nueve
llaman al número
asolado en territorio lunar
planetario adviento del agua.
Plantar contemplado por los mismos ojos
del Océano.

★★ ★★★★ ★ ★★ ★★ ★★★★

★★★★ ★★★ ★★ ★★ ★★ ★★

Quieren destilar la herencia
enrojecerla de días como plagas.
Llevar a olvido lo que no es flor

agave traicionado.
Violencia para el agua.
Es la destrucción del cuerpo
sin forma

Hary.

★★ ★★★★ ★★ ★★ ★★ ★★★★

★★★★ ★★★ ★★ ★★ ★★ ★★

Te amo para conocer la tierra.
Fueros oídos salpican mi hazada
y entiendo tu pisada azul
dándole cobre a la arena.

Destellos
de una rama encaminada.

★ ★★ ★★★★ ★★ ★★ ★★ ★★★★

★★★★ ★★★ ★★ ★★ ★★ ★★

Pero te prefiero a todas las verdades.
Concesión del Océano.
Pasto de agua
que te asemeja.

★★ ★★ ★★★★ ★★ ★★ ★★ ★★★★
★★★★ ★★★ ★★ ★★ ★★ ★★

Vienes de los rostros abiertos
del cielo.
Calcinados cometas llegan.

Hary pura y esférica

Astrocanto.

Enroquecidos

A la que es la muerte

★ ★★ ★★ ★★★★ ★★ ★★ ★★ ★★★★

★★★★ ★★★ ★★ ★★ ★★ ★★

El órgano de la Luz sacude las manos.
Sacrificio.
Toda palabra es escombro abierto.

Mares de celestes continuaciones.

★ ★★ ★★ ★★★★ ★★ ★★ ★★ ★★★★

★★★★ ★ ★★★ ★★ ★★ ★★ ★★

Astralmente cubierta
invades las fuerzas
de silencios   tumbas
Océanos.

★ ★★ ★★ ★★★★ ★★ ★★ ★★ ★★★★

★★★★ ★ ★★★ ★ ★★ ★★ ★★ ★★

Cómo te destruyen
si les falta la voz

hablarte.
Elevar el sonido.
Calmar la apariencia.
Ser estrella.
Apagarse.

*   **   **   **** **   **   **   *****

**** *   *** *   ** ** ** **

Coro de enturbiados en tu.
El desencanto provoca.
Nada en el profundo rosal
y *aletreas*.
El espacio razona con el agua.

★ ★ ★★ ★★ ★★★★ ★★ ★★ ★★ ★★★★★

★★★★ ★ ★★★ ★ ★★ ★★ ★★ ★★

Temida por no saber.
No hay manos que contengan
la orquesta
    desplazas
giros salientes
    provocación
en la Memoria.

★ ★ ★★ ★★ ★★★★ ★★ ★★ ★★ ★★★★★★

★★★★ ★ ★★★ ★ ★★ ★★ ★★ ★★

Océano creador de incertidumbre.
Progenitor origen de tu calma.
Lugar en que imagino sueñas
      compañera del tiempo

de los ojos antiguos de la Luz.

★ ★ ★★ ★★ ★★★★ ★★ ★★ ★★ ★★★★★★★

★★★★ ★ ★★★ ★ ★★ ★★ ★★ ★★

Corales flotantes amortiguan
los sonidos *rumios*.

Cabezas *velóptimas*
con que dialogas.

* *   **   **   **** **   **   **   ********

**** *   ***   *   **   **   **   **

La negación en sumo desafío
del decir.
El pájaro abordado desde el no.
El canto invisible del bosque

entero respirar.

★ ★ ★★ ★★ ★★★★ ★★ ★★ ★★ ★★★★★★★★

★★★★ ★ ★★★ ★★ ★★ ★★ ★★ ★★

La hoja viste el espejo
y las mentes adentrándose en otras.

Reconocerse
lejos candelabros de una isla *enroquecida*.

★ ★ ★ ★★ ★★ ★★★★ ★★ ★★ ★★ ★★★★★★★★

★★★★ ★ ★★★ ★★ ★★ ★★ ★★ ★★

La hierba temblorosa
y crecida ensombrece al hoyo.
Es la luz de fondos
calumniada.

★ ★ ★ ★★ ★★ ★★★★ ★★ ★★ ★★ ★★★★★★★★

★★★★ ★ ★ ★★★ ★★ ★★ ★★ ★★ ★★

Todos en un campo nominal.
Son centella los inventos alfabetos.
Ya no cubren.
Fue disuelto el primer sonido en el Océano.
Solo aullar en fusión *eternecida*.

★ ★★ ★★ ★★ ★★★★ ★★ ★★ ★★ ★★★★★★★★

★★★★ ★ ★ ★★★ ★★ ★★ ★★ ★★ ★★★

Vistes el no-ser
como gobierna la gravedad a la estrella.
Rescata los cantos
y los guarda en desiertos.
Creemos caminar añadiendo piedra
y tú apareces inclinada
mirando el agua
indómita.

★ ★★ ★★ ★★ ★ ★★★★ ★★ ★★ ★★ ★★★★★★★★

★★★★ ★ ★ ★★★ ★★ ★★ ★★ ★★ ★★★

Mito reducido hacia las pieles.
Olvido.
Paredes de colores sin las sombras.
No hay donde mirar para encontrarte.

Pájaro esquivo de pupilas
salientes.

Sólo agujeros en el espacio.

★ ★★ ★★ ★★ ★ ★★★★ ★★ ★★ ★★ ★★★★★★★★★

★★★★ ★ ★ ★★★ ★★ ★★ ★★ ★★ ★★★

Sin tu cuerpo

la palabra abierta.

Aparición.

★ ★ ★ ★★ ★★ ★ ★★★★ ★★ ★★ ★★★★★★★★★★★★

★★★★ ★ ★ ★★★ ★★ ★★ ★★ ★★ ★★★

Calciminas edades coronales.
Aúnas vegetal y agua retirada.
En molino movimiento auguras
cantidad y vivencia.
El cielo continúa

luz entonada por el animal atrás.

★ ★ ★ ★★ ★★ ★ ★★★★ ★★ ★★ ★★★★★★★★★★★★

★★★★ ★ ★ ★★★ ★★ ★★ ★★ ★★ ★★★★

¿Cómo sería un bosque galáctico
recogido desde el humo que ahonda aquí?
¿Caerían nuevos frutos?
¿Les daríamos nombre?

★ ★ ★ ★★ ★★ ★ ★★★★ ★★ ★★ ★★★★★★★★★★★★

★★★★ ★ ★ ★★★ ★★ ★★ ★★ ★★ ★★★★★

Nada se desprenderá
del primer sueño
y nunca vino igual.
Será homenaje y saludo.
Resto visible
de los Restos encadenados.

★ ★ ★ ★★ ★★ ★ ★★★★ ★★ ★★★★★★★★★★★★★★★

★★★★ ★ ★ ★★★ ★★ ★★ ★★ ★★ ★★★★★

Cuándo empezaste a hablar
en mi Océano adentro.
No era el abismo ni la ola.
Eras tú que me decías.

★ ★ ★ ★★ ★★ ★ ★★★★ ★★ ★ ★★★★★★★★★★★★★★★

★★★★ ★ ★ ★★★ ★★ ★★ ★★ ★★ ★★★★★

Línea de Kármán de los ojos pobres.
La renuncia permite volar
    verse esfera
evitar el lamento del animal
    ser objeto.

★ ★★ ★★ ★★ ★ ★★★★ ★★ ★ ★★★★★★★★★★★★★★★

★★★★ ★ ★ ★★★ ★★ ★★ ★★ ★★ ★★★★★★

Algas encumbradas
    jardín
paseo del blanco.
Cristal humano
    temes al caballo omnipotente
descubrirte vegetal.
Siempre el fuego en la materia.

★ ★ ★ ★★ ★★ ★ ★★★★ ★★ ★ ★★★★★★★★★★★★★★★

★★★★ ★ ★ ★★★ ★★ ★★ ★★ ★★ ★★★★★★★

Sitiada en el duelo eterno del saber.
Castraron nuestro alivio a voluntad
y así te muestras
 tensando el fuero adentro
de la Luz.

★ ★ ★ ★★ ★★ ★ ★★★★ ★★ ★ ★★★★★★★★★★★★★★★

★★★★ ★ ★ ★★★ ★★ ★ ★★ ★★ ★★ ★★★★★★★

El cielo nos devolvía
el atardecer de los cuerpos.

Clarividencia de lo interior abrasado.

★ ★ ★ ★★ ★★ ★ ★★★★ ★★ ★ ★★★★★★★★★★★★★★★

★★★★ ★ ★ ★★★ ★★ ★★ ★★ ★★ ★★ ★★★★★★★

Que no te reconozcas por encarnarnos
hace débil tu entregada nieve
y más cierta tu imagen trastocada
de palabras.

Signo último que alcanzo.
Fracaso del Océano
en tu final materia posible.

★ ★ ★ ★★ ★★ ★ ★★★★ ★★ ★ ★★★★★★★★★★★★★★★

★★★★ ★ ★ ★★★ ★★ ★★★ ★★ ★★ ★★ ★★★★★★★

¿Vendrás con la muerte
o te daré nombre
como a la flor perpetrada en la rama?
Y el mirlo cae adivinada la presencia
tuya

de enrocado canto más cerca del habla.

★ ★ ★ ★★ ★★ ★ ★★★★★★★ ★ ★★★★★★★★★★★★★★★

★★★★ ★ ★ ★★★ ★★ ★★★ ★★ ★★ ★★ ★★★★★★★

Serás de la Diosa Negra
rama o efecto.

★ ★ ★ ★★ ★★ ★★ ★★★★★★★ ★ ★★★★★★★★★★★★★★★

★★★★ ★ ★ ★★★ ★★ ★★★ ★★ ★★ ★★ ★★★★★★★

Ceremonia de luz rescatada
eres
por no suspender la especie

tiempos atravesados.

★ ★ ★ ★★ ★★ ★★ ★★★★★★★ ★ ★★★★★★★★★★★★★★★

★★★★ ★ ★ ★★★ ★★ ★★★★ ★★ ★★ ★★ ★★★★★★★

De seca púrpura salina
encomiendas carros de olas

piedras dulcificadas por tu nombre.
De pasados encuentros estás hecha.

★ ★ ★ ★★ ★★ ★★ ★★★★★★★ ★ ★★★★★★★★★★★★★★★

★★★★ ★ ★ ★★★ ★★ ★★★★ ★★ ★★ ★ ★★ ★★★★★★★

Campos de gargantas
en *descensa* huida.

Descanso.
Así es la cuna del sueño
la inexistente madera.
Tú nos calmas
perdidamente.

★ ★ ★ ★★ ★★ ★★ ★★★★★★★ ★ ★★★★★★★★★★★★★★★

★★★★ ★ ★ ★★★ ★★ ★★★★ ★★ ★★★★ ★★ ★★★★★★★

Si tampoco tú fijas el centro
ocupa un lugar.
Me acompañaré de palabras.
Nacerás del Legado.

★ ★ ★ ★★ ★★ ★★ ★★★★★★★ ★ ★★★★★★★★★★★★★★★

★★★★ ★ ★★ ★★★ ★★ ★★★★ ★★ ★★★★ ★★ ★★★★★★★

Sólo en tu com*unión*
aparecen sonidos que nos dicen
muestras de tu ser completo
ráfagas del misterio que es un movimiento
anhelo.
Luces de ti
y te diriges.

Astrocanto

... vaso del firmamento...
Juan Eduardo Cirlot

★★ ★ ★ ★★ ★★ ★★ ★★★★★★★ ★ ★★★★★★★★★★★★★★★

★★★★ ★ ★★ ★★★ ★★ ★★★★ ★★ ★★★★ ★★ ★★★★★★★

Treinta dedos pudieron magullarte
y el camino que la rosa quiso en ti.
Quizá sea el aroma tu cuerpo.
Enséñame a ver el campo.

Todo lo que visites en tu forma buena.

El asombro hueco
ya para mí siempre obrando.

★★ ★ ★ ★★★ ★★ ★★ ★★★★★★★ ★ ★★★★★★★★★★★★★★★

★★★★ ★★ ★★ ★★★ ★★ ★★★★ ★★ ★★★★ ★★ ★★★★★★★

Todas las coronas
alimentan al niño.
Dibujó en su piel su aliento
y ahora el carbón se hace vida
en el agujero del trigo.

★★ ★★★ ★★★ ★★ ★★ ★★★★★★★ ★ ★★★★★★★★★★★★★★★
★★★★ ★★ ★★ ★★★ ★★ ★★★★ ★★ ★★★★ ★★ ★★★★★★★

Conocerás el canto sensible del gusano
y de todo animal digno
como yo escucho el rugido venido
de cualquier hueco en la tierra.

★★ ★★★ ★★★ ★★ ★★ ★★★★★★★ ★ ★★★★★★★★★★★★★★★★

★★★★ ★★ ★★ ★★★ ★★ ★★★★ ★★ ★★★★ ★★ ★★★★★★★

¿De dónde viene la voz para amar la tierra?
No soy yo quien deja crecer las flores ahora.

Llaman cuatro esferas
estrechándome.
Volviendo mi paso sagrado
en tu altar de oscuridad.
Dónde colocaré mis manos.

★★★ ★★★★★★★ ★★ ★★ ★★★★★★★ ★ ★★★★★★★★★★★★★★★

★★★★ ★★ ★★ ★★★ ★★ ★★★★ ★★ ★★★★ ★★ ★★★★★★★

Es más dulce ahora la caricia
y más numerosa en sus formas
tanto como el dolor seco que es criatura ya
en mí
y como la muerte llega
él viene a la vida.
El derecho al viaje no conoce una dirección
sola.

Cuánta claridad por llegar la losa tan cerca.
Qué refugio se me aparecerá ahora
caída la casa y la palabra.
En el hogar del total silencio
creía

otro silencio crece.

★★★ ★★★★★★★ ★★ ★★ ★★★★★★★ ★ ★★★★★★★★★★★★★★★

★ ★★★★ ★★ ★★ ★★★ ★★ ★★★★★ ★★ ★★★★ ★★ ★★★★★★★

Ya creo en el círculo más que en la esfera.
Se me instaló la muerte al pintar *tú* último
    trazo visible
para mis ojos aún de vida.
Se me completó el camino
y lo entendí por fin.

Hecho para el vuelo
más para comprender el aire
más lejos del propio esqueleto.

★★★ ★★★★★★★★ ★★ ★★ ★★★★★★★ ★ ★★★★★★★★★★★★★★★

★ ★★★★ ★★ ★★ ★★★ ★★ ★★★★★ ★★ ★★★★ ★★ ★★★★★★★

Nada *cadavera*
interpelando.
Nave de agua lunar y espiga
para recordarte alumno.

Luz perdida en la tierra.

★★★ ★★★★★★★★ ★★ ★★ ★★★★★★★ ★ ★★★★★★★★★★★★★★★

★★ ★★★★ ★★ ★★ ★★★ ★★ ★★★★★ ★★ ★★★★ ★★ ★★★★★★★

Conservas la muerte.
Traes palabras que atestiguan
la radiante salida

la posible forma del salto
en la tierra.
Y una mano siempre en el cielo.

★★★ ★★★★★★★★ ★★ ★★ ★★★★★★★ ★ ★★★★★★★★★★★★★★★

★★ ★★★★ ★★ ★★ ★★★ ★★★★★★★★ ★★ ★★★★ ★★ ★★★★★★

No supiste del aullido.

Los huesos del mar
que encienden fuegos
abiertos al corazón de un hombre.
Poseía el timbre del gusano
y atravesó la palabra del sol.
No pudo verte
ni a ninguno.

★★★ ★★★★★★★★ ★★ ★★ ★★★★★★★ ★ ★★★★★★★★★★★★★★★

★★ ★★★★ ★★ ★★ ★★★ ★★★★★★★★ ★★ ★★★★ ★★ ★★★★★★

Respeto al árbol caído que cobijó antes
que se arrodilla ahora para escuchar qué hay
detrás de la vida
que se aventura al mundo más sensible y
duradero
que se esconde invisible entre las cosas.

★★★ ★★★★★★★★ ★★ ★★ ★★★★★★★ ★ ★★★★★★★★★★★★★★★

★★ ★★★★ ★★★★★ ★★★ ★★★★★★★★ ★★ ★★★★ ★★ ★★★★★★

Reluces los rostros
que existen.
Ojos imposibles
sin tu sacrificio.

★★★★★★★★★★★★ ★★ ★★ ★★★★★★★ ★ ★★★★★★★★★★★★★★★

★★ ★★★★ ★★★★★ ★★★ ★★★★★★★★ ★★ ★★★★ ★★ ★★★★★★

Tu mismo lenguaje de sangre
me lleva a penetrar al agua.
Entro al abrazo donde vives
en tu caja de madera
que flota
en el líquido de sal
        en el útero de la tierra.
Me uniré contigo
como tú viniste del mismo hoyo del latido.

★★★★★★★★★★★★ ★★ ★★ ★★★★★★★ ★ ★★★★★★★★★★★★★★★

★★ ★★★★ ★★★★★ ★★★ ★★★★★★★★ ★★ ★★★★★ ★★ ★★★★★★

No me importa el objeto sagrado.
Adoro la línea directa
del pecho a cualquier altar.

★★★★★★★★★★★★ ★★★★★ ★★★★★★★ ★ ★★★★★★★★★★★★★★★

★★ ★★★★ ★★★★★ ★★★ ★★★★★★★★ ★★ ★★★★★ ★★ ★★★★★★

Crecen ángeles despiertos
hechos de barro.
Preparados para tu voz.

★★★★★★★★★★★★ ★★★★★ ★★★★★★★ ★ ★★★★★★★★★★★★★★★
★★ ★★★★ ★★★★★ ★★★★ ★★★★★★★★ ★★ ★★★★★ ★★ ★★★★★★

Quieta la corriente que movía
el hacer de mis manos
      la idea envuelta en palabra
quieta entre las cosas
y en las alas del canto
que me dice sí y brota.

★★★★★★★★★★★★ ★★★★★ ★★★★★★★ ★★★★★★★★★★★★★★★★★

★★ ★★★★ ★★★★★ ★★★★ ★★★★★★★★ ★★ ★★★★★ ★★ ★★★★★★

El aroma del ciprés
eleva la garganta hasta devolverla ancha
a la holgura del descanso.

★★★★★★★★★★★★ ★★★★★ ★★★★★★★ ★★★★★★★★★★★★★★★★★

★★ ★★★★ ★★★★★★ ★★★★ ★★★★★★★★ ★★ ★★★★★ ★★ ★★★★★★

Te vino la Luz
como viviremos juntos
en su palacio.

★★★★★★★★★★★★★ ★★★★★ ★★★★★★★ ★★★★★★★★★★★★★★★★★

★★ ★★★★ ★★★★★★ ★★★★ ★★★★★★★★ ★★ ★★★★★ ★★ ★★★★★★

Vendrás en la fuerza que revoluciona el espacio.
Yo tengo la palabra encontrada para llamarte.

★★★★★★★★★★★★★ ★★★★★ ★★★★★★★ ★★★★★★★★★★★★★★★★★

★★ ★★★★ ★★★★★★ ★★★★ ★★★★★★★★ ★★ ★★★★★★★★ ★★★★★★

No hay poder que me asuste
mirándote con estos nuevos ojos
de imagen eterna
desde la silla del amor.

★★★★★★★★★★★★★★ ★★★★★ ★★★★★★★ ★★★★★★★★★★★★★★★★★

★★ ★★★★ ★★★★★★ ★★★★ ★★★★★★★★ ★★ ★★★★★★★★ ★★★★★★

Comparte tu sonido

lo que no nacerá.
Hogar nuestro si me hablas.

★★★★★★★★★★★★★★ ★★★★★ ★★★★★★★ ★★★★★★★★★★★★★★★★★

★★★★★★★ ★★★★★★ ★★★★ ★★★★★★★★ ★★ ★★★★★★★★ ★★★★★★

Hechos para vibrar
el trueno es el eco disponible
el aliento que nos une
sonitariamente.

★★★★★★★★★★★★★★ ★★★★★ ★★★★★★★ ★★★★★★★★★★★★★★★★★

★★★★★★★★ ★★★★★★ ★★★★ ★★★★★★★★ ★★ ★★★★★★★★ ★★★★★★

Abriendo puertas
deshaces metal azul
hasta ocultarte.

Vendrán los ojos
del brillo a liberarnos
traslúcidamente.

★★★★★★★★★★★★★★ ★★★★★ ★★★★★★★ ★★★★★★★★★★★★★★★★★

★★★★★★★★ ★★★★★★ ★★★★ ★★★★★★★★ ★★ ★★★★★★★★ ★★★★★★

★

Regresarás a la frente dispuesta
en halos que te llamen.
Sigue la Luz.
No hay muerto sin vela.

★★★★★★★★★★★★★★ ★★★★★ ★★★★★★★ ★★★★★★★★★★★★★★★★★

★★★★★★★★ ★★★★★★ ★★★★ ★★★★★★★★ ★★ ★★★★★★★★ ★★★★★★

★★

Nieve en los ojos
del *astrosolo*.
Caerán las ramas del árbol pensado
hasta prenderse.
Nada nos diferencia.
Crece nuestro corazón transitándonos.

★★★★★★★★★★★★★★ ★★★★★ ★★★★★★★ ★★★★★★★★★★★★★★★★★

★★★★★★★★ ★★★★★★ ★★★★ ★★★★★★★★ ★★ ★★★★★★★★ ★★★★★★

★★★

Todo acaba.
El Vaso inundado
llama al secreto.
Tú ya estás en la Palabra.

Agradecimientos

A todas las personas que cuidaron mi dolor en el tiempo de esta escritura.
A María Dolores por su acompañamiento oceánico y celeste.
A María Sarasa y a Isabel Bosque a quienes la muerte nos hermanó.
A Christian por abrazarme el corazón en aquel comienzo.
A mi hermano por permanecer junto a mí a través del amor y de la palabra.

Índice

Astrocanto

Este libro se terminó de imprimir
el 18 de julio de 2025,
veinticinco años después
de la muerte del poeta
José Ángel Valente.

Títulos publicados

PREGUNTA
ediciones

Relatos

Las pérdidas rojas. Chusa Garcés
Cuentos detrás de la puerta. Begoña Abad
Amor, blanco roto. Chusa Garcés
Letras de tinta. Lourdes Aso Torralba
Baños de Panticosa. Premios Literarios. Varios autores
Sobreexposición. Laura Bordonaba Plou
Desde el otro lado. Prosas concisas. Fernando Aínsa
Buscando los orígenes de aquello. Irene Achón, María Jesús Artigas, Alberto Delmalo, Ana García, Coral González, Anabel Hernández, Aitana Muñoz, María José Pardo, Eva Pardos, Elisa Pérez, Manuel Pinos, Pilar Royo
Brioleta. Encuentro de escritoras aragonesas. Lourdes Aso Torralba, María Pilar Benítez Marco, Elena Gusano Galindo, Chusa Garcés, Blanca Langa Hernández, Angélica Morales, Marta Navarro, Almudena Vidorreta
Los soñadores. Roberto Malo
Bilbilitanos en la historia. Ricardo Ramos Rodríguez
El dolor del cristal. Sergio Royo
Polar. Laura Bordonaba Plou
La prueba final y otras historias cortas. Ganadores del Certamen de Cuentos y Relatos Breves Junto al Fogaril
Viviendo en tiempo brutal. Sergio Royo
Contemplación. Franz Kafka
Zaragoza turbia. José María Tamparillas
Sabor metálico. Eva Pardos Viartola
Cuentos esféricos. Chema González
Canciones tristes que te alegran el día. Miguel Mena
Todo es agua. Begoña Fidalgo
Mar de lejos. Manuel Pinos
Y de repente esta lluvia. Sergio Royo
De bares y mujeres. Marta Armingol, Olga Asensio, Laura Bordonaba Plou, Clara Castán Ibarz, Begoña Fidalgo, Paula Figols, Chusa Garcés, Magdalena Lasala, Elvira Lozano, Rosa Martínez, Angélica Morales, Eva Pardos Viartola, Clara S. Mendívil, Laura Serrano
Diáspora. Isabel Gutiérrez Cía
Relatos de La Flama. María Jesús Artigas, Emilia Bayod, Marta Gascón, Clara Járboles, Merche Llop Alfonso, Abraham José Mendoza Diloy, Eva Pardos Viartola, Alfredo Pérez, Elisa Pérez Ibarra, Manuel Pinos, María José Sanjuán, Wenceslao Varona López, Gloria Verdoy
Un martes cualquiera. Laura Latorre Molins
Con voz y voto. Pioneras americanas del relato social y la ciencia ficción y tres piezas del teatro sufragista británico. Edición de Isabel Alquézar y Berta Lázaro
Todos los crímenes del mundo. Sergio Royo
Un punto de destello. Pecker
Todos·los·santos. Jorge Martínez
Periferias del deseo. Antón Castro

Novela

El último concierto de David Salas. Roberto Malo
Crónica de un deseo. Antonio Ventura
Verde mar del norte. Clara Castán Ibarz
La brújula del universo. Mario de los Santos
El eco entre la bruma. Ricardo Ramos Rodríguez
Las sombras del Imperio. Ricardo Ramos Rodríguez
La movida que te salvó. Mariano Pinós
Merecer la vida. Laura Serrano
Cariñena. Antón Castro
Los días blancos. Marta Armingol
Declive. Fernando Rivarés
Canciones ligeras. Miguel Mena
Hannibaal. Miguel Carcasona
Inventario de monos. Galgo Cabanas (Mario de los Santos y Óscar Sipán)
De viento y sal. Clara S. Mendívil
Jimena. Magdalena Lasala
Catorce. Paula Figols
El silencio y su canción. Ángel Gracia
Marta. Víctor Juan
La nota muerta. Rosa Martínez

Para cenar, aire. Pedro Bosqued
Las batallas perdidas. Jaime Tomás
La fugitiva. Clara Járboles
Alcohol de quemar. Miguel Mena
La casa de los dioses de alabastro. Magdalena Lasala
Tristán. La ética del monstruo. Javier Romero Collazos
Puente de Hierro. Miguel Mena
Máscara. Ricardo Ramos Rodríguez
Leopardos en el diván. Gonzalo Fontana Elboj
Lucífugo. José María Tamparillas
Bendita calamidad. Miguel Mena
La estirpe de la mariposa. Magdalena Lasala
El colapso de la colmena. Julia Jiménez Carrera
Los Hijos de Hura. Abdelrahim Kamal
Dinero caído del cielo. Reyes Salvador
No podría estar más contenta. Marisol Aznar y María Frisa
Leitmotiv. Sergio Sarsa
Profanación. Ramón Acín
Onda Media. Miguel Mena
Proyecto Sada. Javier Gastón
La vista atrás. Laura Serrano
Pájaros azules en Roma. Miguel Ángel Nievas
Alerta Bécquer. Miguel Mena
Taquicardia. Teresa Álvarez
Moncayo estrés. Miguel Mena
Eva, la bibliotecaria. Ignacio Sanz
Las lechuzas no son lo que parecen. Noemi Risco Mateo
Los ojos tras la montaña. Pablo Fantova Ullod
La última heredera. Magdalena Lasala
Evelyn y Lizzy. Un homenaje a Jane Austen. Eva Morera
El amor y la muerte. La tragedia de Eloísa y Abelardo. José Luis Corral
Moracanta. Julia Jiménez Carrera

Poesía
Litiasis. Manuel M. Forega
Todas las religiones son una / No hay religión natural. William Blake
Estoy poeta (o diferentes maneras de estar sobre la Tierra). Begoña Abad
AntiaéreA. Encuentro poético en Zaragoza. Carmen Camacho, Alicia García Núñez, Marta Navarro, Chus Pato, Inés Povar, Miriam Reyes, Sandra Santana, Hermanas del Hambre (Elisa Berna y Charo de la Varga)
Todo estalla dicho. Elvira Lozano
La experiencia de la poesía. Ángel Guinda
AntiaéreA II. Poesía encontrada en Zaragoza. Ajo, Eva Antón Bravo, Zhivka Baltadzhieva, Isabel Bono, Javier Corcobado, Cristina Járboles, Laia López Manrique, David Mayor, Carmen Ruiz Fleta
Diez años de sol y edad. Antología 2006-2016. Begoña Abad
Alud. Javier Fajarnés Durán
Los países de piedra. Pablo Javier Pérez López
Existe algún lugar en donde nadie. Juan Pablo Roa
Te mataré mientras vivas (Coronación supersónica). Raúl Herrero
La ciudad y el cuchillo. Javier Fajarnés Durán
Vidrieras. Laurent Tailhade
El tiempo de las alambradas. Antología poética. Antonio Orihuela
Esta vida verde. Antología poética. Lyn Coffin
Las palabras son nocivas. Antología poética. Amador Palacios
Las locuras ya no son locuras. Antología poética. Ferruccio Brugnaro
El techo de los árboles. Begoña Abad
Satirologio. Epigramas del siglo XXI. José Verón Gormaz
Caballo de mina. Gerardo Vacana
Big Bang. José Luis Esteban
Los signos en el agua. Noventa y nueve poemas. Joaquín Sánchez Vallés
Avanza el olvido. Javier Ramón Jarne
Fábrica de la seda. Miguel Ángel Curiel
Casa junto al arrecife. Enrique Ariño Gil
Trivium. Marcos Castillo Monsegur
El lenguaje de las ballenas. Begoña Abad
El libro de horas. Rainer Maria Rilke
Gran Guiñol. Miguel Ángel Ortiz Albero
Cantares y presagios. José Verón Gormaz
Marcha por el desierto. Sandra Santana
Una guitarra de contrabando. Gerardo Vacana

Diccionario de garzas y de mirlos. Pablo Javier Pérez López
Piedra y tijeras. Nacho Tajahuerce
#MedeaHaVuelto. Angélica Morales
Madres. Begoña Abad
Todas las moradas de mi aliento. Jacques Meylan
Razón de espera. Rafael Lobarte Fontecha
Poesía. Guido Cavalcanti
Tránsito. María Pilar Martínez Barca
Viejo. Sergio Gómez
Barro. Miguel Ángel Curiel
Historia del mundo antiguo. Joaquín Sánchez Vallés
Este día, este momento. Juan Pablo Roa
El miedo del doble a la soledad. Rosa Martínez
Un vuelo sin la mecánica adecuada. Pecker
Brioleta volumen 2. Poesía aragonesa en femenino. Carmen Aliaga, María Pilar Benítez Marco, Mar Blanco, Marta Domínguez Alonso, María Dubón, Ana Giménez Betrán, Reyes Guillén, Blanca Langa Hernández, Angélica Morales, Trinidad Ruiz Marcellán, Helena Santolaya y Carlota Urgel
Entre el huerto y el corral y otros versos. Gerardo Vacana
Cantar cuarenta. Cancionero completo 1983-2023. Gabriel Sopeña
Sálvida. Sofía Díaz Gotor
La fuerza de la tierra. Paula Martínez
Ahab. Antología poética. Carlos Ramos
Enseres del invierno. Miguel Carcasona
A la izquierda del padre. Begoña Abad
La muerte se llama Juan. Joaquín Sánchez Vallés
Y ¡PUM! Un tiro al pajarito. Sandra Santana
La vida de María. Rainer Maria Rilke
Lamia, Isabella, La víspera de Santa Inés y otros poemas. John Keats
Un abrazo fuerte. Homenaje al poeta David González. Patxi Irurzun y Nacho Tajahuerce (coords.)
Los puntos cardinales. Rafael Lobarte Fontecha
Llaves para una revolución. Begoña Abad
Unheimlich. pierre d. la
Los dones. Begoña Abad y Raquel Marín
Luciérnagas. Marcos Castillo Monsegur
Astrocanto. Sofía Díaz Gotor

Libro ilustrado
El dibujante de relatos. Antón Castro y Juan Tudela
La península de Cilemaga. Helena Santolaya
Marcianos. Sergio Algora y Óscar Sanmartín
La odisea de Fortunato. Pere Inglés y David Girón
Las aventuras de Juan Lázaro. Rafael Yuste Oliete y Ricardo Pedro Polo Cutando

No ficción
Reconstrucción. Miguel Ángel Ortiz Albero
Sahara Occidental. Cuarenta años construyendo resistencia. Varios autores
Residencia y tránsito de las letras en Aragón. Fernando Aínsa
Diario de campo de un psicólogo en un club de fútbol. Luis Cantarero
Marcelino. Muerte y vida de un payaso. Víctor Casanova Abós
Aragón en el sistema solar. Carlos Garcés Manau
Los poetas malditos. Paul Verlaine
Poetas y poéticas. Ensayos. Amador Palacios
Del espejismo de la revolución a la venganza de la victoria. Guerra y posguerra en Barbastro y el Somontano (1936-1945). José María Azpíroz Pascual
Nerín. Memorias compartidas. Varios autores. Edición de Rafael Latre
Sahara Occidental. Del abandono colonial a la construcción de un estado. Varios autores
El hombre elefante. Frederick Treves
Pasaron por aquí. Antón Castro
Nacer para aprender, volar para vivir. Un acercamiento a la poesía de Begoña Abad. José María García Linares
¡Cállate, papá! Padres y violencias en el fútbol industrial. Luis Cantarero
Metodologías activas en el aula. Varios autores
Gamificación educativa. Varios autores
El viaje exterior. Ensayos censores IV. Manuel Martínez-Forega
Teruel. Otra dimensión. Juan Villalba Sebastián
Opiniones de mujeres. María Domínguez
La guerra de los robots. Cómo la tecnología está cambiando los conflictos armados. Francisco Rubio Damián
La escritura por venir. Ensayos sobre arte y literatura en los siglos XX y XXI. Sandra Santana

La vida al alcance de la mano. La discapacidad a través de mi historia. Álex Sánchez
El viaje exterior. Ensayos censores V. Manuel Martínez-Forega
El camino de la serpiente. Escritos ocultistas. Fernando Pessoa
La jota, aragonesa y cosmopolita. De San Petersburgo a Nueva York. Marta Vela
El bazar infinito. Rutas y mares entre Oriente y Occidente. Alberto Cebrián
Ríos que mueren sin mar. Viaje por las culturas de Asia central. Enrique Ariño Gil
Humanizar el fútbol. Deporte y transformación social. Julio Salinas y Luis Cantarero (coords.)
Tú eres antes que todo. Correspondencia de Ramón Acín y Conchita Monrás. Víctor Juan
Adolescentes del siglo XXI. Técnicas de liderazgo parental. Marisa Felipe
Aurora y la celiaquía. Laura Marín
Zaragoza. Historias de ida y vuelta. Miguel Mena
Aragón. Formas de ser. Miguel Mena
Viaje al mar. Diario de un nabatero. Kike Fernández
Un violinista en el Titanic. Tribulaciones de un heterodoxo. Ángel Garcés Sanagustín
Diario del último año. Florbela Espanca
Juan de Velasco, primer maestre de campo de la Ciudadela de Jaca. Marcos Mayorga
Creatividad de andar por clase. Asunción Porta
Albarracín. Un viaje en el tiempo. Juan Villalba Sebastián
Diálogos en cautividad. Antón Castro
Deambulatorio. Miguel Ángel Ortiz Albero
Mauricio Aznar y Almagato. La historia. Jaime González
Máquinas que cuentan historias. La inteligencia artificial y la literatura del futuro. Varios autores
Cincuenta estaciones europeas. Catedrales de la modernidad. Alfonso Marco
La jota, aragonesa y liberal. Zaragoza, Madrid y París. Marta Vela
Sexo, amor y revolución. Hildegart Rodríguez
En torno a Paris, Texas *de Wim Wenders*. Varios autores
Futbología. La cultura del fútbol industrial. Luis Cantarero
Eugenesia y natalidad. Hildegart Rodríguez
Verissimum mendacium. Manuel Martínez-Forega
José Antonio Labordeta, diputado del pueblo. Conrad Blásquiz Herrero
Queremos tanto a Laura. Varios autores

Infantil

La Dama, el Duende y el Rey. Tres leyendas aragonesas. Roberto Malo, José María Tamparillas, Daniel Tejero y David Guirao
Moflete, el elegante. Agustín Porras y Arturo García Blanco
La ardilla poeta y el futuro del planeta. Pilimar Aguilar y Xcar Malavida
Moflete ya sabe contar. Agustín Porras y Arturo García Blanco
Agentes del futuro. María Frisa y Xcar Malavida
Minicó dice no. Nerea Mur
El príncipe que cruzó allende los mares. Roberto Malo, Francisco Javier Mateos y David Guirao
De tu abrazo a las estrellas. Victoria Alcalde y Ruth Alarcón
Mocoloco y Flemalarga. Nines Barcelona y Nerea Mur
San Jorge y el dragón. Daniel Nesquens y David Guirao
Antes de las nueve. Pablo Ferrer, Paula Figols, Marina Santos, Christian Peribáñez y Zaira Andrés
Erny, el monstruo de la Laguna Negra. María Álvarez e Irene Campos
Lex, el Tiranosaurio Rex. Roberto Malo, Daniel Tejero y Blanca Bk
La ardilla poeta y su libro de recetas. Pilimar Aguilar y Xcar Malavida
Un viernes soleado. Pepe Serrano y Raquel Samitier
Mika, el niño fantasma. Daniel Tejero y Bernal
La ardilla poeta y su pandilla secreta. Pilimar Aguilar y Xcar Malavida